Inhalt

Bekleidungshersteller - Kampf mit zwiespältigen Kunden

Kernthesen

Beitrag

Fallbeispiele

Zahlen und Fakten

Weiterführende Literatur

Impressum

GENIOS BranchenWissen Nr. 04 vom 03.04.2013

Bekleidungshersteller - Kampf mit zwiespältigen Kunden

Markus Hofstetter

Kernthesen

- Nach dem Superjahr 2011 haben die deutschen Bekleidungshersteller 2012 ihren Umsatz nur leicht gesteigert.
- Während in den Top Ten der größten deutschen Bekleidungshersteller größtenteils Stillstand herrschte, gab es auf europäischer Ebene große Veränderungen.
- Vor allem Bekleidungshersteller mit eigenem Retail-Geschäft stellen Mitarbeiter ein.
- Die Bekleidungshersteller haben mit Kunden zu kämpfen, die zwar höhere Sozial- und Nachhaltigkeitsstandards bei

der Produktion in Fernost wollen, aber nicht bereit sind, mehr zu bezahlen.

Beitrag

Die deutsche Bekleidungsindustrie kommt 2012 mit einem blauen Auge davon

Die deutsche Bekleidungsindustrie hat 2012 mit einem stabilen Ergebnis abgeschlossen. Laut Gesamtverband Textil+Mode haben sich die Umsätze der Bekleidungshersteller mit mehr als 50 Beschäftigten von 2011 auf 2012 um 0,8 Prozent auf 7,05 Milliarden Euro erhöht. Damit musste die Branche einen herben Wachstumsrückgang hinnehmen. Denn von 2010 auf 2011 belief sich das Umsatzplus noch auf sechs Prozent. Nach Schätzungen des Verbandes belief sich der Gesamtumsatz aller Bekleidungsunternehmen, das heißt ab einem Mitarbeiter, auf 11,15 Milliarden Euro.

Die Entwicklung der Bekleidungsimporte von Industrie und Handel nach Deutschland war 2012 deutlich negativ. Sie ist von plus elf Prozent in 2011 auf minus sechs Prozent in 2012 gefallen.

Insbesondere China als mit Abstand wichtigstes Lieferland hat für knapp zehn Prozent weniger Ware nach Deutschland gesendet. Aber auch die Türkei exportierte fünf Prozent weniger nach Deutschland. Die wichtigsten Importländer waren China, Türkei, Bangladesch, Indien und Italien. Bei der Produktion im Ausland sind Verschiebungen in Länder wie Vietnam und Bangladesch zu verzeichnen, weil es schwierig ist, die Kapazitäten in China weiter auszubauen. Der deutsche Export lief 2012 angesichts der Eurokrise in vielen Nachbarländern schleppender. Insgesamt wurde 1,6 Prozent weniger Umsatz im Export erwirtschaftet. Minuszahlen liefen vor allem in den wichtigen Märkten wie Österreich, Niederlande und der Schweiz auf. Hohe Zuwachsraten dagegen gab es für Exporte Richtung Polen mit plus 26 Prozent und Russland mit plus 13,8 Prozent.

Trotz der anhaltenden Belastungen durch hohe Energie- und Rohstoffpreise gehen laut GermanFashion, dem Verband der deutschen Bekleidungsindustrie, 86 Prozent der Bekleidungsanbieter für 2013 von steigenden Umsätzen aus. 65 Prozent erwarten auch zunehmende Erträge. (1), (2), (3)

Europa-Ranking: Tommy Hilfiger

schafft den Sprung nach vorne

Ende 2012 hat die Fachzeitschrift TextilWirtschaft die Liste der größten deutschen Modeanbieter 2011 veröffentlicht. Berücksichtigt werden Unternehmen mit einem Mindestumsatz von 50 Millionen Euro. Aufgeführt sind insgesamt 56 Unternehmen. Die Namen in den Top Ten sind unverändert im Vergleich zu 2010. Die Liste wird angeführt von Adidas mit einem Umsatz von rund 5,7 Milliarden Euro. Es folgen Esprit mit 2,7 Milliarden Euro Umsatz und Hugo Boss mit rund 2,06 Milliarden Euro Umsatz. Die Plätze getauscht haben Gerry Weber und die CBR-Gruppe. Gerry Weber schaffte es mit 703 Millionen Euro auf Platz acht. Besonders kräftig zugelegt haben Marken wie Hugo Boss oder Gerry Weber. Auch Private Label-Anbieter erleben derzeit ein Comeback. Unternehmen wie Multiline und JCK-Holding melden zum Teil kräftige Zuwächse.

Auf europäischer Ebene im Ranking werden Unternehmen mit über 75 Millionen Euro Umsatz berücksichtigt. An der Spitze gab es viel Bewegung. Zwar steht Adidas weiterhin unangefochten auf Platz eins, gefolgt von Esprit. Auf Platz drei hat sich jedoch Tommy Hilfiger mit rund 2,2 Milliarden Euro Umsatz vorgekämpft. Im Vorjahr lag der Konzern noch auf Rang fünf. Aus der Top Ten geflogen sind Maus Frères und Triumph. Dafür haben die PPR/Gucci

Group und die Pentland Group den Sprung unter die größten Zehn geschafft. 2011 befand sich die europäische Bekleidungsindustrie generell im Aufwind. Der Gesamtverband der Europäischen Textil- und Bekleidungsindustrie Euratex meldet für die Modelieferanten der 27 EU-Staaten einen Umsatz in Höhe von 81,3 Milliarden Euro. Dies entspricht einem Plus von 2,7 Prozent. Allerdings war die Zahl der Betriebe weiter rückläufig. Sie sank um fast zwei Prozent auf 102 311. Die Zahl der Beschäftigten reduzierte sich ebenfalls um rund zwei Prozent auf 1,11 Millionen. (4), (5), (6), [Abb. 1], [Abb. 2]

Bekleidungshersteller mit eigenem Retail stellen Mitarbeiter ein

Nach Schätzungen des Gesamtverbands Textil+Mode waren in der deutschen Bekleidungsindustrie 2012 insgesamt rund 42 000 Mitarbeiter beschäftigt. Genaue Zahlen gibt es für Unternehmen mit mehr als 50 Mitarbeitern. Diese beschäftigten rund 28 500 Personen. Diese sind 1,9 Prozent mehr als 2011.

Die prozentuale Veränderung spiegelt jedoch nicht die Dynamik in einzelnen Bekleidungsunternehmen wider. Und diese ist umso größer, je stärker Firmen mit eigenem Retail expandieren. So hat Adidas 2012 in Deutschland rund 300 neue Stellen geschaffen, 100 davon in der Konzernzentrale in Herzogenaurach und 200 im neuen Logistikzentrum in Rieste. Auch 2013 ist personelles Wachstum geplant, vor allem durch die Retail-Expansion in den Schwellenländern. In Deutschland soll sich die Adidas-Mannschaft um 200 Köpfe vergrößern. Brax heuerte 2012 rund 170 neue Mitarbeiter an. Gründe sind nach Unternehmensangaben die Expansion über den eigenen Retail und mit Lizenzen sowie die Erweiterung von Präsentationsräumen und die Logistik. Gerry Weber plant 2013 konzernweit knapp 500 neue Mitarbeiter zu verpflichten, die Mehrzahl davon für bestehende und neue Stores. 70 bis 75 neue Läden sollen eröffnet werden, der Großteil davon im europäischen Ausland.

Dabei wird es schwieriger Stellen zu besetzen, weil Kandidaten mit den richtigen Profilen nicht immer in ausreichender Zahl am Markt verfügbar sind. Personalverantwortliche erwarten, dass sich die Lücke zwischen Nachfrage und Angebot noch vergrößern wird. Der demografische Wandel und der zunehmende Wettbewerb der Arbeitgeber gelten als Gründe. So gehen Unternehmen der Branche immer öfter neue Wege, um die richtigen Kandidaten zu finden. Sie investieren zum Beispiel in Recruiting und Personal-Marketing. S.Oliver etwa will mit einer neuen Kampagne junge IT-Experten auf sich aufmerksam machen und stellt sich in kurzen Filmen vor. (7), (8), [Abb. 3]

Modeindustrie kämpft bei Sozial- und Umweltstandards mit zwiespältigen Kunden

Die Nachrichten über Skandale bei Bekleidungszulieferern aus Fernost haben sich gehäuft. Chinesische Häftlinge produzieren Jacken und Tops, bei Brandkatastrophen in Textilunternehmen in Pakistan und Bangladesch kommen viele Menschen ums Leben. Modeunternehmen, die im Ausland beschaffen, geraten dadurch zunehmend unter Druck.

Aufgrund der gestiegenen öffentlichen Wahrnehmung und medienwirksamen Aktionen von Menschrechts- und Umweltschutzorganisationen setzt in der Modebranche zunehmend ein Umdenken ein. So haben sich nach Puma, Adidas, H&M sowie C&A unter anderem auch Esprit, Zara, Mango und Levis der Detox-Initiative von Greenpeace angeschlossen und erklärt, bis spätestens ab 2020 auf Risikochemikalien bei der Fertigung zu verzichten. Die verheerenden Brände bei Zulieferern von Kik und

C&A haben dazu geführt, dass die Unternehmen zum einen ihre eigenen Auditierungssysteme auf den Prüfstand stellen und zum anderen auch über ein gemeinsames Vorgehen nachdenken, um Schäden für ihr Geschäft abzuwenden. Das größte Druckmittel der westlichen Auftraggeber gegenüber ihren Zulieferern in Fernost ist der Auftragsentzug.

Auch GermanFashion will für mehr Transparenz bei der Beschaffung sorgen. Der Verband kooperiert als Unterstützung für seine Mitglieder seit Anfang 2013 mit der Beschaffungsdatenbank Tradegood, die weltweit Einkäufer und Lieferanten miteinander verbindet. Anhand von überprüften Suchkriterien, Seminaren und Business-Matching-Veranstaltungen sollen passende Partnerschaften auf den Weg gebracht werden. Tradegood arbeitet mit über 20 000 geprüften Lieferanten zusammen, hat 3 000 vertrauenswürdige Einkäufer gelistet und verwaltet mehr als 50 Suchkriterien.

Eine große Rolle bei Umwelt- und Sozialstandards spielt aber auch das Kaufverhalten der Verbraucher. 57 Prozent der Kunden sagten beim GfK/TW-Kundenmonitor Ende 2012, dass sie nicht bei Bekleidungsunternehmen kaufen, über die in der Presse wegen Nichteinhaltung von Sozialstandards bei ihren Zulieferern berichtet wird. Wenn es um den Preis geht, ergibt sich allerdings ein anderes Bild.

Noch immer ist der Großteil der Verbraucher nicht bereit, mehr Geld für saubere Bekleidung auszugeben. 55 Prozent der befragten Kunden wollen für Bekleidung, die umweltverträglich und unter Einhaltung von Sozialstandard gefertigt wurde, nicht mehr bezahlen. (9), (10)

Fallbeispiele

G-Star - will bei der Herstellung auf gefährliche Textilchemie verzichten

Mit G-Star ist jetzt das 15. Modeunternehmen der Detox-Kampagne von Greenpeace beigetreten. Wie die Umweltschutzorganisation mitteilte, will das niederländische Unternehmen spätestens ab 2020 auf gefährliche Chemikalien bei der Produktion verzichten. Bis Ende 2013 sollen bereits Phthalate (Weichmacher) und Alkylphenolethoxylate aus der Fertigung verbannt werden, 2014 sollen perfluorierte Chemikalien (PFC) folgen.

Damit hat G-Star laut Greenpeace im Vergleich zu den anderen Unternehmen den frühesten Zeitpunkt für den Ausstieg aus der gefährlichen Textilchemie festgelegt. Laut der Umweltschutzorganisation soll G-Star zudem auf Druck der Clean Clothes Campaign die Zusammenarbeit mit einem indischen Bekleidungshersteller beenden, der massiv gegen Menschenrechte verstößt. (11)

Levis - fertigt Jeans aus PET-Abfall

Unter dem Namen Waste-Less fertigt der US-Bekleidungshersteller Levi Strauss & Co. Modeartikel für Männer und Frauen, die mindestens zu 20 Prozent aus PET bestehen. Die Kollektion ist seit Januar 2013 erhältlich.

Levis hat im Rahmen des Projekts mit Hilfe von Recycling-Programmen rund 3,5 Millionen PET-Produkte in den USA zusammengetragen. Aus diesen PET-Abfällen wurden Polyesterfasern hergestellt, die unter Beimischung von Baumwollfasern zu einem Garn versponnen wurden. Dieses Garn wurde schließlich zu Jeansstoff weiterverarbeitet. (12)

Zahlen & Fakten

Abbildung 1: Die größten Bekleidungslieferanten

Deutschlands

Rang	Unternehmen	Labels	Umsatz in Mio Euro	Veränderung in %	
2011	2010				
1	Adidas Group	Adidas, Reebock, TaylorMade u.a.	5 734	5 380	6,6
2	Esprit*/** (+)	Esprit, etc.	2 747	3 018	-9
3	Hugo Boss (1)	Boss, Hugo, Selection	2 059	1 729	19,1
4	Multiline Textil	Multiline Germany, Miami Beach, u.a.	1 382	1 328	4,1
5	S.Oliver Group	S.Oliver, QS by Oliver, Comma, u.a.	1 200	1 070	12,1
6	Puma	Puma, Trenton, Hussein, Chalayan	1 036	941	10,1
7	Steilmann Holding	Apagne, Steilmann, Stones, Kapalua, u.a.	850	840	1,2
8	Gerry Weber **/***	Gerry Weber, Taifun, Samoon, u.a.	703	622	13
9	CBR Fashion	Street One, Cecil, One	700	710	-1,4

		Touch			
10	JCK Holding	Private Label	591	464	27,4

* Geschäftsjahr 2011/2012 ** Geschäftsjahr 2010/2011
*** Geschäftsjahr 2009/2010 (+) Umsatz geschätzt
Entnommen aus: Die größten Bekleidungslieferanten Europas und Deutschlands 2011, (6)

Abbildung 2: Die größten Bekleidungslieferanten Europas

Rang	Unternehmen	Land	Labels	Umsatz in Mio Euro	Veränderung in %	
2011	2010					
1	Adidas Group	D	Adidas, Reebock, TaylorMade u.a.	5 734	5 380	6,6
2	Esprit */** (3)	D	Esprit, etc.	2 747	3 018	-9
3	Tommy Hilfiger */**	NL	Tommy Hilfiger, Hilfiger Denim, Hilfiger Sports	2 227	1 948	14
4	Bestseller-Gruppe **/***	DK	Veo Moda, Only, Jack&Jones, Selected,	2 196	1 961	12

			u.a.			
5	Burberry Group */**	GB	Burberry	2 140	1 750	22
6	Hugo Boss (1)	D	Boss, Hugo, Selection	2 059	1 729	19
7	Christian Dior Group (2), (3)	F	Louis Vutton, Fendi, Marc Jacoby, Donna Karan, u.a.	1 940	1 516	15
8	Benetton-Gruppe	I	United Colors of Benetton, Sisley, Killer Loop, u.a.	1 913	1 950	-1,
9	PPR/Gucci Group	F/I	Puma, Gucci, YSL, Bottega, Veneta, u.a.	1 948	1 948	24
10	Pentland Group	GB	Speedo, Berghaus, Ellesse, u.a.	1 728	1 411	22

(1) Konzernumsatz mit Bekleidung und Schuhen (2) Umsatz inklusive Accessoires (3) Umsatz geschätzt * Geschäftsjahr 2011/2012 ** Geschäftsjahr 2010/2011 *** Geschäftsjahr 2009/2019 Entnommen aus:TextilWirtschaft, 37/2012, S. 24 bis 26, (4)

Abbildung 3: Modeanbieter suchen Verkäufer und Produktprofis

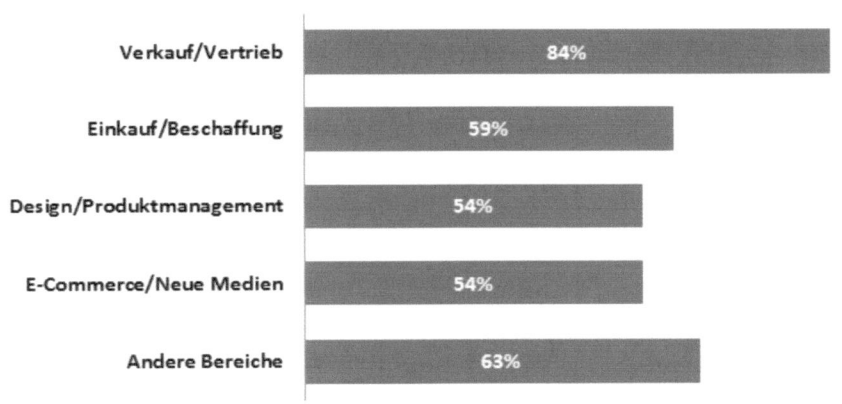

Entnommen aus: TW Young Professionals, 1/2012, S. 10 bis 14, (7)

Weiterführende Literatur

(1) Modeindustrie: Zuversicht wächst wieder aus www.textilwirtschaft.de vom 01.02.2013

(2) Industrie ist für 2013 verhalten optimistisch aus TextilWirtschaft 01 vom 03.01.2013 Seite 008

(3) Konjunkturbericht Februar 2013
aus TextilWirtschaft 01 vom 03.01.2013 Seite 008

(4) LUXUS LÄUFT
aus TextilWirtschaft 37 vom 13.09.2012 Seite 024 bis 026

(5) TW-Rangliste: Hilfiger stürmt vor
aus www.textilwirtschaft.de vom 12.09.2012

(6) Die größten Bekleidungslieferanten Europas und Deutschlands
aus www.textilwirtschaft.de vom 12.09.2012

(7) Hoch hinaus
aus TW Young Professionals 01 vom 01.11.2012 Seite 010 bis 014

(8) Profis für die Brücke
aus TextilWirtschaft 36 vom 06.09.2012 Seite 020 bis 023

(9) Umdenk- Prozess
aus TextilWirtschaft 52 vom 27.12.2012 Seite 040 bis 041

(10) GermanFashion reagiert auf Skandale
aus www.textilwirtschaft.de vom 01.02.2013

(11) G-Star schließt sich Detox-Initiative an
aus www.textilwirtschaft.de vom 01.02.2013

(12) Denim aus recyceltem PET
aus melliand Textilberichte Nr. 04 vom 11.12.2012

Seite 220

Impressum

Bekleidungshersteller - Kampf mit zwiespältigen Kunden

Bibliografische Information der deutschen Nationalbibliothek

Die Deutsche Nationalbibliothek verzeichnet diese Publikation in der deutschen Nationalbibliografie; detaillierte bibliografische Daten sind im Internet über http://dnb.d-nb.de abrufbar.

ISBN: 978-3-7379-2925-7

© 2015 GBI-Genios Deutsche Wirtschaftsdatenbank GmbH, Freischützstraße 96, 81927 München, www.genios.de

Alle Rechte vorbehalten. Dieses Werk ist einschließlich aller seiner Teile – z.B. Texte, Tabellen und Grafiken - urheberrechtlich geschützt. Jede Verwertung außerhalb der Grenzen des Urheberrechtsgesetzes bedarf der vorherigen Zustimmung des Verlags. Dies gilt insbesondere auch für auszugsweise Nachdrucke, fotomechanische Vervielfältigungen (Fotokopie/Mikroskopie), Übersetzungen, Auswertungen durch Datenbanken oder ähnliche Einrichtungen und die Einspeicherung und Verarbeitung in elektronischen Systemen.